Inhalt

Risiken der Supply Chain - gerne unterschätzt, kaum beherrscht

Kernthesen

Beitrag

Fallbeispiele

Weiterführende Literatur

Impressum

Risiken der Supply Chain - gerne unterschätzt, kaum beherrscht

I.Zeilhofer-Ficker

Kernthesen

- Weniger als zehn Prozent aller Unternehmen verfügen über angemessene Instrumente für ein professionelles Supply Chain Risk Management.
- Signifikante Störungen der Lieferkette sind aber an der Tagesordnung und die finanziellen Auswirkungen auf das Unternehmensergebnis beträchtlich.
- Der Trend zur schlanken Unternehmensführung sowie das globale

Sourcing haben zur erhöhten Gefahr der Lieferkettenunterbrechung geführt.
- Steigende Energiepreise und die Endlichkeit der Ölversorgung sollten schon jetzt dazu führen, die langfristigen Liefer- und Logistikstrategien zu überprüfen und gegebenenfalls zu überarbeiten.

Beitrag

Bandstillstände durch Zulieferprobleme wichtiger Teile sorgen oft für Schlagzeilen in der Wirtschaftspresse. Obwohl kleinere Störungen der Lieferkette in den meisten Firmen an der Tagesordnung sind, wird in den wenigsten Firmen ein professionelles Supply Chain Risk Management betrieben ein oft teurer Fehler.

Störungen der Lieferkette sind an der Tagesordnung

Eine Accenture-Studie unter US-Firmen hat ergeben, dass 73 Prozent der Befragten mindestens eine signifikante Störung der Lieferkette in den vergangenen fünf Jahren erlebt hat. 36 Prozent davon berichteten, dass es länger als einen Monat dauerte, sich von der Störung zu erholen. 32 Prozent brauchten zwischen einer Woche und einem Monat. 94 Prozent der Fälle haben entweder das Finanzergebnis des Unternehmens oder den Grad der Kundenzufriedenheit beeinträchtigt. (1)

Dies wird auch von der Tatsache unterstrichen, dass immer mehr Finanzabteilungen die Einführung von Risiko-Management-Systemen und Prozessen für die Supply Chain treiben und auf weitergehende Maßnahmen bestehen. Aktuelle Zahlen geben ihnen recht. Bei weniger als zehn Prozent aller Unternehmen stehen adäquate Instrumente zur Verfügung, um das Risiko der Lieferanten, der Produkte oder der Transportwege richtig einzuschätzen. So werden Jahr für Jahr immer wieder Unternehmen davon überrascht, dass ein wichtiger Lieferant plötzlich Insolvenz anmeldet oder die Lieferung eines wichtigen Bauteils eingestellt wird. (2), (3)

Dabei weisen neue Untersuchungen darauf hin, dass sich Investitionen in die Lieferkettensicherheit nicht nur durch höhere Kundenzufriedenheit, sondern auch in mehr Umsatz und niedrigeren Kosten niederschlagen. (4)

Risiken der Supply Chain sind vielfältig

Spricht man von der Sicherung der Lieferkette, denken viele erst einmal an Terroranschläge und Naturkatastrophen. Dabei sind diese Störungen verhältnismäßig selten. Das Prinzip des schlanken Unternehmens verlangt die Minimierung von Lieferanten, das Zukaufen bzw. Auslagern von wichtigen Produktgruppen sowie die Beschränkung der eigenen Produktion auf die Kern-Funktionen des Betriebes. Der hohe Wettbewerbs- und Kostendruck führt zum Einkauf in weit entfernten Low-Cost-Countries, dadurch werden Transport- und Kommunikationswege länger und oft schwieriger. Die enge Zusammenarbeit mit den Hauptlieferanten bei Produktentwicklungen im Sinne der Collaboration bedeutet, dass keine Second Sources vorhanden sind und man auf Wohl und Wehe des Geschäftspartners angewiesen ist. (2), (5)

Dabei führt der hohe Kostendruck Jahr für Jahr zu zahlreichen Insolvenzen. Die Rohstoff- und Energieversorgung wird teurer, weil aufstrebende Länder wie China und Indien auf den Markt drängen. Dies wiederum verteuert die Transportwege. Transport- und Abwicklungskapazitäten werden knapp; Preise steigen und Lieferzeiten verlängern sich.

Da die Kundenerwartungen in Bezug auf Flexibilität und kurzfristiger Just-In-Time-Lieferung gleichzeitig steigen, wissen sich viele Firmen nur noch durch höhere Lagerbestände zu helfen. Dazu kommt das real vorhandene Risiko von Terroranschlägen, politischen Unruhen und Naturkatastrophen. Und die Lieferungen aus den Billigländern, in denen Sicherheits- und Qualitätsstandards oft nicht dem westlichen Niveau entsprechen, sind nicht selten durch Diebstähle und Korruption beeinträchtigt. [3], [4], [6], [7], [8], [9]

Wenig praktikabel und kaum wirtschaftlich wäre es nun aber, jedes Produkt und jeden Lieferanten genauestens unter die Lupe zu nehmen. Eine Analyse der Lieferketten und Netzwerke ist aber auf jeden Fall angebracht.

Lieferanten und Risiken analysieren

Der erste Schritt zur Vermeidung von Risiken ist eine detaillierte Analyse der eigenen Lieferketten. Welche Methoden man dabei anwendet, ist von der Situation, der Branche und vielen anderen Einflussgrößen abhängig. Eine ABC-Analyse sowohl der Lieferanten sowie der Zulieferteile bzw. Baugruppen ist sicher ein guter Start. Lieferanten, mit denen man auf Single-Source-Basis für wichtige Spezialteile zusammenarbeitet, sind auf jeden Fall Kandidaten für eine genauere Beobachtung. Produkte für die es auf dem Markt viele Lieferanten gibt, brauchen sicher weniger Aufmerksamkeit. Allerdings sollte man sicher stellen, dass mehrere Lieferquellen qualifiziert sind, die bei Schwierigkeiten der einen Quelle problemlos einspringen können. Eine Einteilung der Lieferanten bzw. Produkte sollte nach zwei Gesichtspunkten erfolgen: Wie groß ist das Risiko und welchen Einfluss hat es auf das eigene Unternehmen, wenn das Risiko tatsächlich eintritt. Bringt man diese zwei Parameter in ein Raster, so lassen sich hohe Risikosituationen relativ einfach erkennen. (2), (6), (10), (11)

Nach der Analyse der Risiken ist über Aktionen zur Vermeidung der Hauptrisiken zu befinden. Relativ einfach sollte ein Frühwarnsystem für finanzielle Schwierigkeiten der Lieferantenbasis einzuführen sein. Dafür gibt es Dienstleister, die bei einer Verschlechterung des Zahlungsverhaltens beispielsweise automatische Warnmeldungen absetzen. Es sollte nicht vergessen werden, auch auf eventuell kritische Mutter- oder Tochterunternehmen zu achten. Produktbezogene Risiken können über die Qualifizierung von Second- und Third-Sources abgefedert werden. In manchen Fällen wird eine

Erhöhung der Lagerbestände oder die Eigenfertigung anzuraten sein. (2), (3), (6)

Besonderes Augenmerk gebührt wichtigen Materiallieferungen, die über einige Distanz von Lieferanten in Low-Cost-Countries bezogen werden. Natürlich muss auch hier auf die finanzielle Lage des Lieferanten und auf die gleichbleibende Qualität der Ware geachtet werden. Zusätzlich ist sicherzustellen, dass Transporte adäquat gegen Diebstahl und Beschädigung abgesichert sind. Außerdem ist für eine zuverlässige und rasche Transportabwicklung zu sorgen. Nicht vergessen werden dürfen dabei Störfaktoren wie längere Transportzeiten wegen mangelnder Ladekapazitäten oder Verzögerungen bei der Export- und Importabwicklung. In gewissen Fällen ist es eventuell effizienter, auf einen Importhafen auszuweichen, der etwas weiter entfernt liegt, bei dem aber aufgrund von genügend Abwicklungskapazitäten der Import wesentlich schneller vonstatten geht. (7), (9)

Störungen der Lieferkette werden sicher auch künftig vorkommen. Wird man über ein Problem aber vorgewarnt und ist darauf mit Notfallplänen vorbereitet, sind die Auswirkungen überschaubar und bleiben im Rahmen des erträglichen. Teure Überraschungen, die sich negativ in der Firmenbilanz niederschlagen, sind heutzutage vielfach vermeidbar.

Fallbeispiele

Beim Geschäftsbereich Automobilelektronik der Robert Bosch GmbH, ist ein Supply Frühwarnsystem im Einsatz. In der Analysephase wurde eine Liste mit 150 möglichen Risiken erstellt, die in externe, strategische und operative Risiken eingeteilt wurden. Jedem der zwölf als wesentlich erkannten Risiken wurde ein Indikator zugeteilt, der genauestens überwacht und bearbeitet wird. Als Resultat sind Lieferstörungen deutlich zurückgegangen. (11)

Die Firma Optiant, Boston, USA, liefert ein Supply Chain Risk Management System, das auf vorhandene ERP oder APS-Systeme aufbaut. Abweichungen vom Plan werden identifiziert, alternative Lösungen vorgeschlagen. Die Simulation von verschiedenen Szenarien ist möglich.

Weiterführende Literatur

(1) O.V., No quick fixes for disruptions, Industry Week, United States (INDUWEEK), 255 (2005) 11, S. 46

aus Process PharmaTEC Nr. 04 vom 21.11.2006 Seite 036

(2) Getting SMART about risk management: the risk of supply chain disruptions is growing—and so is the financial impact of such disruptions. What's needed is a systematic approach to operational risk management that can help smooth out supply chain bumps and protect profitability. The "SMART" approach offered here responds to those needs. It's specific, measurable, actionable, realistic, and time-phased. CONTINUITY
aus Supply Chain Management Review, United States (SUPCHMAR), 10 (2006) 8 page

(3) Finanzielle Stabilität durch Supply Risk Management im Beschaffungswesen Das schwächste Glied in der Lieferkette
aus BA Beschaffung aktuell, Heft 0S1, 2006, S. 8

(4) Weise, Horst, Gewinn mit Sicherheit, DVZ Deutsche Verkehrszeitung, Nr. 144, 02.12.2006
aus BA Beschaffung aktuell, Heft 0S1, 2006, S. 8

(5) Why too much of a good thing is bad. INSIDE WORLD TRADE
aus World Trade, United States (WORLTRAD), 19 (2006) 11 page 7

(6) Strategies for managing supply chain risk: a deep understanding of your supplier base is the cornerstone of effective risk management.

TEChNOLOGY
aus Supply Chain Management Review, United States (SUPCHMAR), 10 (2006) 5 page

(7) Are global supply chains too risky? A practitioner's perspective. ANALYSIS
aus Supply Chain Management Review, United States (SUPCHMAR), 10 (2006) 4 page

(8) Am öligen Tropf
aus VerkehrsRundschauRundschau, Heft 35/2006, S. 24-27

(9) Assessing cargo supply risk: a study of supply line risk in 45 countries finds that many companies are not properly assessing or countering vulnerabilities. Special Focus on Transportation and Cargo
aus Security Management, United States (SECUMANA), 50 (2006) 11 page 78

(10) Supply Frühwarnsysteme (I) Kritische Risiken frühzeitig erkennen
aus BA Beschaffung aktuell, Heft 12, 2006, S. 26

(11) Supply Frühwarnsysteme (II) Implementierung eines Frühwarnsystems
aus BA Beschaffung aktuell, Heft 1, 2007, S. 22

(12) Energy's impact on the supply chain.
aus Modern Materials Handling, United States (MODEMATH), 61 (2006) 13 page 49

Impressum

Risiken der Supply Chain - gerne unterschätzt, kaum beherrscht

Bibliografische Information der deutschen Nationalbibliothek

Die Deutsche Nationalbibliothek verzeichnet diese Publikation in der deutschen Nationalbibliografie; detaillierte bibliografische Daten sind im Internet über http://dnb.d-nb.de abrufbar.

ISBN: 978-3-7379-1067-5

© 2015 GBI-Genios Deutsche Wirtschaftsdatenbank GmbH, Freischützstraße 96, 81927 München, www.genios.de

Alle Rechte vorbehalten. Dieses Werk ist einschließlich aller seiner Teile – z.B. Texte, Tabellen und Grafiken - urheberrechtlich geschützt. Jede Verwertung außerhalb der Grenzen des Urheberrechtsgesetzes bedarf der vorherigen Zustimmung des Verlags. Dies gilt insbesondere auch für auszugsweise Nachdrucke, fotomechanische Vervielfältigungen (Fotokopie/Mikroskopie), Übersetzungen, Auswertungen durch Datenbanken oder ähnliche Einrichtungen und die Einspeicherung und Verarbeitung in elektronischen Systemen.